AF276200

97 SECRETOS QUE ME GUARDÓ EL MAR

97 SECRETOS QUE ME GUARDÓ EL MAR

LUCÍA JOYA

Valparaíso
EDICIONES

VALPARAÍSO POESÍA

Diseño de portada: Chari Nogales
www.charinogales.com @chari_nogales

Primera edición: octubre de 2025

© De los poemas: Lucía Joya Sánchez

© Valparaíso Ediciones
  C/ Fray Leopoldo, 7 bajo, 18014 Granada
  www.valparaisoediciones.es

  ISBN 979-13-88007-08-8
  Depósito Legal: GR 1379-2025

  Impreso en España - *Printed in Spain*
  Gráficas Gami

Cualquier forma de reproducción, distribución, comunicación pública o transformación de esta obra solo puede ser realizada con la autorización de sus titulares, salvo excepción prevista por la ley. Diríjase a CEDRO (Centro Español de Derechos Reprográficos) si necesita fotocopiar o escanear algún fragmento de esta obra (www.conlicencia.com; 917021970 / 932720445)

El papel utilizado para la impresión de este libro está calificado como papel ecológico y procede de bosques gestionados de manera sostenible.

A todas esas personas que necesitan
volver al mar para respirar.

Perdona si lloré mientras bailaba,
tenía dolores viejos que atender de aquel pasado.
Entonces regresé a ese silencio necesario
para escuchar el corazón hablar de la verdad.

NATALIA LAFOURCADE

PRÓLOGO

Te dije que no sabía cómo explicártelo, que no encontraba las palabras, que no me entendía ni yo. Entonces salí a la calle y empecé a caminar intentando buscar una respuesta. Mi cuerpo llevaba un rumbo fijo. No se detuvo ni un instante, sabía perfectamente dónde tenía que ir. De repente me vi sentada frente al mar. Ese mar de invierno no estaba en calma, era un mar enfurecido y desenfrenado, pero su bravío me contagió libertad. Y allí, sentada frente al mar con la piel erizada, el pelo volando sin control y el olor a sal, empecé a hablar. Ese día le conté al mar todo lo que necesitaba soltar y el mar ahogó mis miedos.

Y así empezó nuestra relación. Yo solo pedía que me escucharan y al mar le bastaba con la admiración que yo sentía. Yo me sentaba, respiraba y hablaba, a veces sin necesidad de abrir la boca. El mar me entendía, me tranquilizaba, me mecía, a veces se enfadaba conmigo y me salpicaba. Otras veces me contagiaba con su sosiego. A veces su respuesta era transparente, otras un poco más turbia. Así todos mis secretos se perdían entre las olas y el mar me prometió que los escondería.

Y lo entendió. Todo eso que no pude hablar contigo, todo lo que no pude confesarte, fueron los secretos que me guardó el mar.

UNO

Te dije: «no creo en el amor», pero al mar le conté que creí demasiado. Le conté las locuras que hice estando completamente cuerda y lo ciega que estuve al cometer grandes torpezas. Le conté que el **amor** fue el volcán más activo de mis islas y ahora es el ingrediente principal de mis ayunos. Le conté que amé con el corazón en la mano y la venda en los ojos. Le conté que te amé a milímetros de tu espalda y en husos horarios diferentes. Amé el futuro que casi tuvimos y el pasado que siempre tendremos. Amé el rizo de tu flequillo. Amé tus prisas tirando de mi mano y las esquinas donde paré a besarte. Amé los eternos caminos en taxi de vuelta a casa y amé cada excusa que buscaste para brindar. Amé a gritos y sin cuidado. Amé tus verdades y tus mentiras. Te amé demasiado. Así que mentí, claro que creo en el amor, pero no creo en ti.

DOS

Te dije: «quiero intentarlo», pero al mar le conté que atea recé a la luna para atraparte en mis cosquillas. Vendí mi alma al cielo por **fundirnos** en el mismo mar y memoricé un hechizo para deshacer tus enredos. Arranqué los hierbajos de tu zona de confort y trasplanté tus raíces. Limpié tus hojas con mimo y vi crecer orgullosa tus flores. Y funcionó, fuiste pirata perdido en mis estrías, navegaste a contracorriente por mis curvas y acabaste encallado en el muelle lunar número 7.

TRES

Te dije: «no puedo perdonarte», pero al mar le conté que perdonarte a ti sería no perdonarme jamás a mí misma. Trenzaste todos mis miedos, creando la cuerda desde la que me lanzaste al vacío. Construiste ladrillo a ladrillo un hogar seguro que derrumbaste en un segundo sin necesidad de pólvora. Me quisiste tanto y tan mal que el amor perdió para siempre su significado. Pudiste hacerme sentir libre, pero decidiste abrazarme con cadenas para que volar y bailar no fueran opciones. Besaste mis heridas con labios amargos que agrandaron mis **cicatrices**. Le conté al mar lo que me costó años reconocer. Que buscando tu felicidad me olvidé de la mía. Me olvidé de las carcajadas, las madrugadas y los colores. Me olvidé de las minifaldas, el *highlighter* y el reguetón. Me olvidé del sexo con ganas, de los viajes con amigos y de hacer toples en la playa. Me olvidé de tantas cosas sin saberlo que necesité ver cómo me matabas para atreverme a vivir. Y tras meses cayendo al vacío, mis pies tocaron el mar. Y la espuma llevó a la orilla a un pez alegre, atrevido, descarado, seguro y luchador. Un pez que había perdido mucho tiempo intentando querer a otra persona y ahora estaba aprendiendo a quererse. Un pez que no sabía qué era el amor, pero sabía perfectamente lo que no era.

CUATRO

Te dije: «no estoy bien», pero al mar le conté que los espejos mostraban a alguien que no era yo. Que ponerme unos pantalones era más complicado que subir al Mulhacén y levantarme de la cama era luchar contra todos mis impulsos. Que mi corazón y mi mente se aliaron contra mi cuerpo en una guerra civil dejando toda la munición para el primer bando. Que los ojos tristes suelen ir acompañados de mejillas húmedas y bolsos llenos de pañuelos. Le conté al mar miles de pesadillas en las que estaba más cómoda que despierta y la marea subió con cada una de mis lágrimas. Le conté que los **monstruos** más peligrosos salieron de debajo de la cama para meterse en mis insomnios, y que los silencios hacían demasiado ruido. Aprendí a sonreír sin sonrisa y a trabajar sin cuerpo. Caminé acompañada de un hombrecito gris que no se separaba de mí un segundo. Y ahora vivo con miedo de que ese hombrecito gris decida visitarme de nuevo.

CINCO

Te dije: «creo que te quiero», pero al mar le conté que no me imagino futuros sin ti. Que cada vez que paso por una inmobiliaria busco la casa perfecta y te imagino en todas las habitaciones. Le hablé de lo mucho que me gusta hacerte fotos cuando miras el atardecer y de la obsesión que tengo por tus pestañas. Le conté que en mi sofá llueve cada vez que vemos una película y en noviembre es verano si te apetece pasear de mi mano. Que le he hablado a todas mis plantas de ti y hasta mi psicóloga quiere conocerte. Le conté que guardo el corcho de aquella botella que compraste en el supermercado de la esquina en nuestra primera cita y que la noche que me dejaste tu sudadera me emocioné al encontrar la entrada de aquella exposición en el bolsillo. Que verte cocinar es mi plan favorito, aunque nunca admita que tus tortitas son mejores que las mías. Que no quiero volver a dormir la siesta si no es en tu pecho y que mis pies fríos solo se calientan cuando encuentran los tuyos. Que no te lo he dicho aún, pero me muero por bailar **contigo**.

SEIS

Te dije: «no quiero decirte adiós», pero al mar le conté que me pediste un último abrazo y yo rodeé tu cuerpo con mis brazos con la condición de que fuese siempre **el penúltimo**.

SIETE

Te dije: «ha vuelto a pasar», pero al mar le conté que te has ido y no me duele tu ausencia. No me duelen tus palabras ni tus silencios. No me duele el vacío en la cama ni los planes con adelantada fecha de demolición.

Me duele no habernos hecho daño. Me duele la honestidad de nuestras conversaciones. Me duelen las citas y los besos. Me duele haberlo hecho todo bien. Me duele ser un **daño colateral** de tu miedo al querer.

OCHO

Te dije: «¿qué estamos haciendo?», pero al mar le conté que madrugué buscando respuestas. Que el salitre me arrastró a tus playas y me regaló un amanecer. Caminé por la orilla viendo la espuma borrar mis huellas y me diste una lección una vez más. Me sentí diminuta, absurda, insignificante, dispensable. Que no somos el ser vivo más poderoso si puedes tragarnos en un instante. Que miles de personas cruzan tus olas cada año arriesgando su vida por encontrar una salida y nosotros somos la **escoria** que pretende salvar el mundo desde el sofá. Que nuestro privilegio se basa en nacer en esta playa y no en la de enfrente. Que nos mojamos los pies mientras compartimos noticias como aliados, pero cuando hay que actuar nos lavamos las manos. Que, ante un conflicto, el primer juicio es el color de piel. Que somos tan ignorantes que hemos olvidado nuestro pasado y damos por hecho que nunca tendremos que huir. Hipócritas, egoístas, clasistas, racistas, todos. Sinvergüenzas que miramos a otro lado para evitar la pena y sentirnos menos culpables. Farsantes que abogamos a la empatía, pero solo en territorio europeo. Desalmados, despreciables, basura. Los que gastamos 200 litros de agua en la ducha para seguir siendo repugnantes. Los que compramos abrigos de piel para esconder nuestra sangre fría. Ridículos, repulsivos, abyectos. Asco. Nos merecemos desaparecer.

NUEVE

Te dije: «no tengo prisa», pero al mar le conté que también quiero conocerte con ropa. Que me gusta cuando muerdes con fuerza, pero también cuando te estoy contando algo y te acercas a besarme de forma fugaz e inesperada. Que me pides perdón por interrumpirme, pero me dices que te apetecía mucho y yo sonrío al darme cuenta de que no hay mejor forma de perder el hilo de conversación. Que el día que dormí contigo por primera vez decidí que madrugar nunca volvería a ser una excusa. Le conté que no me dejé las gafas de sol a propósito en tu coche en nuestra primera cita, pero me alegré de tener un motivo para volver a verte pronto. Le hablé de las puestas de sol que vimos juntos, pero sobre todo de las que he visto sola acordándome de ti. Le confesé que cuando me dices que tienes ganas de verme yo sólo quiero girar tu reloj de arena para que nuestro tiempo nunca se agote. Que le hablo tanto de ti a la luna llena que ahora tarda más en crecer cansada de escucharme hablar de tus pecas. Que si vamos juntos en el metro quiero que el próximo tren tarde 12 minutos en llegar y haya una avería que me regale más historias de tus veranos sin mí. Que, como no sé si el futuro será contigo, prefiero que el **presente** dure, como mínimo, toda la noche.

DIEZ

Te dije: «estás en todas partes», pero al mar le conté que te siento en la brisa que acaricia mi espalda tumbada en la arena cualquier día de verano. Que te pienso en cada estrella fugaz, vela de cumpleaños o pestaña que sale volando. Que el helado que pido para pasear de madrugada sabe a ti, al igual que las tortitas para desayunar un domingo o la lasaña de aquel italiano que tanto te gustaba. Le conté que te veo en el reflejo de todas las copas de vino con las que brindo, aunque no sean tus labios los que beso en el taxi de vuelta a casa. Que Londres y París son mis ciudades favoritas, pero no existen en mi mapa desde que no estás. Que es casi imposible imitar tu olor, pero ese casi ha hecho que se me pare el corazón un par de veces. Que siempre supe que el **contacto cero** era la única posibilidad de olvidarte, pero explícale eso a un cuerpo que sigue funcionando al ritmo de tus latidos.

Querría que toda la poesía se rindiera
ante la rima de tu vida con la mía.

EL KANKA

ONCE

Te dije: «necesito contacto cero», pero al mar le conté que un mensaje tuyo es un huracán que lo arrasa todo. Que escuchar tu voz es hogar, pero en mi buzón ya no pone tu nombre. Le conté que no puedo verte en fotos porque quiero atravesar la pantalla y que no hay cajas suficientes en el bazar de mi barrio para esconder todo lo que me recuerda a ti. Le conté que guardé tus recetas, pero no me atrevo a repetirlas por si huelen a domingos de lluvia. Que llevo más noches que Sabina intentando **olvidarte** y me pregunté más veces que Rozalén por qué sigo queriéndote. Que la única posibilidad de superarte es creerte sin vida y asumir que si coincidimos será en otra.

DOCE

Te dije: «ojalá estuvieras cerca», pero al mar le conté que te he querido con océanos y continentes de por medio. Que el amor no es una red que pierde la conexión si te alejas. Que no hay que mandar mensajes en botella que tardan ciclos lunares en llegar ni hay que esperar a que llegue el correo para buscarte entre las facturas de la luz. Que hay caricias que no se dan y también llegan. Le hablé de las veces que luché por no dormirme en una llamada y de las lágrimas que intenté esconder frente a la pantalla. Le conté que no existe mejor método para confirmar que estás enamorado que un **reencuentro** y que el ser humano está hecho para acostumbrarse a todo menos a una despedida. Que las relaciones no las rompe la distancia sino el afán por la inmediatez. Que preferimos cuerpos fríos tres días en semana que un abrazo sincero que tarda un poco más en llegar. Que sí, ojalá estuvieras cerca, pero lejos puedo quererte igual.

TRECE

Te dije: «necesito pasar página», pero al mar le conté que dejarte ir es aterrador. Que no hay día que termine sin preguntarme qué pasará si nunca vuelvo a sentir amor. Que no volver a verte puede ser no volver a mirar con ojos tiernos. Que si te suelto la mano y la **electricidad** se esfuma, el apagón en mi sistema puede ser irreversible. Que si amores en la vida hay solo uno, no van a pasar más trenes por mi estación y allí construirán un cementerio para llevar flores a mi corazón, eternamente incompleto.

CATORCE

Te dije: «me gustan los hombres de verdad», pero al mar le conté que hay hombres con el corazón roto que no quieren abrazos. Que algunos hombres no sonríen al ver a un bebé reír, no cantan a pleno pulmón desafinando en el coche y ni siquiera les gustan las flores. Le hablé de los hombres que no creen en la terapia, los que no visten camisas de color rosa y los que no dicen «te quiero» a sus hermanos. Que hay hombres que creen que los besos son solo la previa al sexo y no tienen el placer de conocer la ternura. Que no sé si es el temor por perder la hombría, el terror por mostrarse vulnerables o el miedo al qué dirán sus amigos, que desalmados buscan cualquier atisbo de debilidad para tacharlos de «maricones». Que he pegado carteles por mi barrio ofreciendo una recompensa por una lágrima pública de origen masculino. Que los hombres de verdad están en **peligro de extinción**, y yo quiero firmar una petición para salvarlos.

QUINCE

Te dije: «no la vas a conquistar así», pero al mar le conté que no tienes que abrirle la puerta del taxi. Puedes hacerlo **si quieres**, pero ella prefiere que la acompañes de la mano en esa noche fría de noviembre para poder besarte la punta fría de la nariz en el portal. Que no tienes que invitarla a cenar. Puedes hacerlo si quieres, pero le gustará más que reserves ese sitio del que tanto habla y pidas postre aunque estés lleno, porque sabes que hará ese bailecito con la cuchara en la boca. Que no tienes que regalarle flores. Puedes hacerlo si quieres, pero no en San Valentín sino ese día que pasas por la floristería de la esquina y ves un ramo de margaritas y sabes que son sus favoritas. Que no tienes que borrar el teléfono de tu ex ni bloquear a esa chica que te escribe algunos sábados por la noche. Puedes hacerlo si quieres, pero ella solo quiere que seas sincero y estés con ella con ganas y sin esfuerzos ni compromisos. Que no tienes que escribirle todo el rato y prestarle atención cada instante. Puedes hacerlo si quieres, pero a ella le encanta cuando te dan buenas noticias y la llamas ilusionado porque celebrarlo con ella siempre es el mejor plan. Que no tienes que verla todos los viernes al salir del trabajo. Puedes hacerlo si quieres, pero ella se alegra de verte salir con amigos porque tu colega que va borracho le manda un audio diciendo que te ve feliz y que no paras de hablar de ella. Que no tienes que vestir más elegante, beber menos, ser más correcto, hacer más deporte, presentarle rápido a tu madre o abrazarla siempre al dormir. Que puedes hacerlo, puedes hacer siempre lo que te dé la gana. Pero ella lo que quiere es conocerte a ti, no enamorarse de tus intentos de hombre perfecto que reflejan una copia barata de algo inexistente. Ella no quiere príncipes ni besar sapos. Ella quiere amor real, sin cuentos de palacios y princesas sin zapato. Ella solo quiere un chico de barrio y buen corazón que le devuelva la ilusión.

DIECISÉIS

Te dije: «**era inevitable**», pero al mar le conté que no quiero quererte, pero te quiero. Y sé que no quieres quererme, pero me quieres. Y hoy duermo en esta nube que mañana desaparecerá y no habrá colchón que amortigüe el impacto de un corazón predestinado a romperse de nuevo.

DIECISIETE

Te dije: «esto parece el final», pero al mar le conté que este acantilado huele a despedida. Que veo las olas hambrientas intentando atrapar la roca y pido que me golpeen a mí antes de tragarme. Que como las siete de la tarde en noviembre no soy nada, apagada sin ser noche y sin sentido como un beso sin magia. Que quisiera ser gaviota y volar gritando que el mundo es una sucesión de tristeza y lucha por un mar en calma que solo llega para echarlo de menos cuando se va. Que te perdí entre miedos, precaución y pausa. Que nuestra historia será el cofre oxidado que nadie encuentra en el fondo del mar. Que siempre me quedará el recuerdo de nuestro **último baile** en la puerta de aquel bar.

DIECIOCHO

Te dije: «contigo es diferente», pero al mar le conté que me besas y nos entendemos. Que tus labios no me buscan para callarme porque me dicen lo que no podemos explicar en ningún idioma. Que estaba acostumbrada a **besos** que abren camino y aceleran y ahora me enseñas que hay besos que son ese banco con vistas al atardecer en el que hay que pararse a detener el mundo. Que nos besamos sin vergüenza en cualquier bar porque nada alimenta más que verte sonreír entre beso y beso. Que no es el baile de nuestras lenguas ni su ritmo acompasado, son tus manos que enredadas en mi pelo suplican que me quede una canción más. Y yo me despido besándote la nariz para que añadas a tu diccionario ese beso que te doy cuando besarte me hace feliz.

DIECINUEVE

Te dije: «no soy esa chica de anuncio», pero al mar le conté que no necesito que te des la vuelta al verme pasar. Que no tengo ojos color miel ni pecas que endulcen mi rostro al sol. Que mi piel no es de porcelana y hay mañanas que las ojeras son inevitables. Mi abdomen no es plano como en aquel verano de 2019 y el hueco entre mis muslos se mudó a otras piernas al no reconocerse en el espejo hace ya unos años. Que hay noches que me encantaría ser la del pelo rubio y ondulado que te hipnotiza en la barra de aquel bar, pero prefiero ser la conversación que te reconforte un domingo de chimenea y resaca. Que estamos tan obsesionados con disimular arrugas que permitimos al *botox* borrar también la sinceridad de una sonrisa. Que mi más alto **canon de belleza** se encuentra en ese abrazo que hace que tu cuerpo parezca haberse fabricado siguiendo un molde para encajar a la perfección con el mío. Que los años seguirán pasando y, aunque regalemos nuestra juventud a otras generaciones, seguiré siendo bonita si sabes dónde mirar.

VEINTE

Te dije: «no te olvides de mí», pero al mar le conté que quiero que recuerdes las curvas de mis labios y te duela al tragar. Que quiero quitarte el sueño como tú siempre interrumpes el mío para dejarme la miel en los labios y un duelo al despertar. Que necesito que tu psicóloga sepa de mí porque la mía tiembla al escuchar tu nombre y no sería justo que tú sí me hayas superado. Que ojalá no puedas pisar Madrid igual que hay decenas de ciudades que por si te encuentro en sus bares he tachado. Que cambié mi contacto de emergencia, pero espero seguir siendo el tuyo y, si lo necesitas, ser la primera en cuidarte. Que han pasado demasiados años y mis planetas aún no se han alineado porque no han dejado de orbitarte. Que he idealizado tanto tus caricias que el tacto de la seda **escuece**. Que a veces tu olor me abraza y lo aprieto fuerte hasta que, junto a mi esperanza, desaparece. Que sigo esperando que aquel reloj de arena suelte el último grano, pero me asusto y lo giro para no dejarte ir. Que no veré tus canas y arrugas, pero estarás aferrado a las mías impidiéndome volver a sentir.

Y aunque cada dos días me acuerde de tus pecas,
agarrar esta cuerda me quema las muñecas.
No pienso ser tu espía, ni tu mejor amigo.
Quiero que ames libre, aunque sea sinmigo.

MR. KILOMBO

VEINTIUNO

Te dije: «no voy a luchar más», pero al mar le conté que el interés no está hecho para ser unilateral y tus besos no pueden ser un premio. Le conté que tenemos una conversación pendiente desde antes de conocernos y nos dedicamos a crear excusas para que se siga posponiendo. Que nos sobra pasión porque cada vez que nos vemos beso tu pecho como si fuera la última vez y nos falta valor para decir adiós. Que en los dos metros de tu cama solo cabemos uno encima de otro. Que se te escapa el apego con el humo de tu cigarro y yo estoy harta de cerrar las ventanas para retenerte un rato más. Que nuestros cauces se han cruzado un instante, pero los dos sabemos que desembocan en océanos diferentes y nadar **a contracorriente** es agotador. Que no necesito abrir nuestra historia por la última página para saber que en nuestro final no hay perdices.

VEINTIDÓS

Te dije: «mírala bien», pero al mar le conté que hipnotizan sus rizos mientras sonríe al bailar. Que la fiesta nunca empieza sin ella por miedo al fracaso y los colores se pelean por vestirla y acompañarla a pasear. Que aparece sin ser llamada siempre con abrazos en el bolsillo y besos sinceros sin estrenar. Ella que odia las comedias románticas por no sentirse protagonista y no sabe que la realidad superará a la ficción cuando alguien descubra su magia. La que me trae flores siendo su amistad el regalo que presumo con orgullo. La que el domingo no paga los tallarines porque el martes me invitó a tacos. A la que siempre llamo desde el coche para que deje de llover y la mochila pese un poco menos. La que cuida con mimo y mima con cuidado. Simplemente ella. **Mírala bien**, porque yo no puedo dejar de (ad)mirarla.

VEINTITRÉS

Te dije: «me tengo que ir», pero al mar le conté que tengo hecha la maleta y la captura de los horarios del tren. Que he intentado quedarme a dormir, pero no encontré hueco en tus sábanas por tu alergia a compartir. Que estás envuelto en cicatrices, pero nunca hablas de las garras que hoy siguen rasgando las hojas de nuestra historia y reducen encuentros a **papel arrugado** en la esquina de tu habitación. Le hablé de abrigos de silencio que me impiden limpiar el escozor de intentos fallidos y quemaduras mal curadas. Que intentas separar la persona del personaje, pero no hay arte sin dolor ni corazón sin camino. Que no puedes abrir puertas si la corriente de no haber cerrado otras te paraliza e inhabilita tus pies. Que te alejas y me alejas y despacio intento coser el espacio que había guardado para quererte.

VEINTICUATRO

Te dije: «me encantas», pero al mar le conté que sueño dormida y despierta con ese lunar que tienes a dos centímetros este, un centímetro norte del ombligo. Le conté que con un beso me borraste de la mente el 99% de los problemas, y ahora lo único que no consigo resolver es cómo hacer para no **enamorarme** locamente de ti. También le conté que me hipnotizas con los dedos cuando pintas un cuadro en mi espalda, y que el camino más corto entre un punto y otro no es una línea recta, son las curvas de tus labios. Le intenté explicar que el abrazo más sincero me lo habían dado tus ojos mientras lo que acariciabas eran las cuerdas de una guitarra. Le hablé de todas las veces que sobró ropa y faltó tiempo; de aquellas carreteras infinitas que separaban mis piernas de tus manos y de los celos que tengo al agua que recorre tu pelo en la ducha. Le confesé cada uno de los «te quiero» que ahogué por miedo a perderte, y los «estoy bien así» que afirmé por miedo a quedarme.

VEINTICINCO

Te dije «me voy, estoy cansada», pero al mar le conté que el cansancio mental pesa mucho más que el físico. Que prefiero sentirme sola en mitad del océano que sentir **soledad** rodeada de gente que debería hacerme sentir acompañada. Le conté todas las veces que me ahogué en abrazos huidizos, besos marchitos y reencuentros fríos. Intenté explicar a un mar profundo lo superficial que puede llegar a ser una conversación. Conocidos que se atreven a llamarte amigo sin pararse a pensar en las implicaciones que tal puesto otorga. Amigos que succionan empatía mediante favores sin por favores. Que el amor no todo lo puede y que por encima de todas las cosas está el respeto y no la amistad, como dijo Amaral.

VEINTISÉIS

Te dije: «no ha podido ser», pero al mar le conté que
siempre guardaré este nudo en el estómago que se
pregunta «si hubiera sido otro momento, otro instante,
otra ciudad, otro bar, otra época o quizás **otra vida**,
¿habría salido bien?».

VEINTISIETE

Te dije: «eres un cretino», pero al mar le conté que tienes a tu lado flores y compras un ambientador. Que te quieren con tus desastres y cuidan tus demonios mientras tu pecho sigue vacío de sentimientos porque hay dudas obstruyendo el sentido común y eres un cobarde. Que te derrites con la dulzura con la que reina su mundo loco, pero eres incapaz de hablar de futuro porque todo pueda salir mal y eres un completo idiota. Que te hace reír hasta que te duele la mandíbula y un poquito el corazón de sentirlo vivo después de años envuelto en telarañas, pero no le das la mano por la calle porque puede hacerse ilusiones y eres un auténtico ignorante. Que te lame las heridas mientras planta girasoles en tu espalda, pero mañana no le vas a hablar porque todo va muy deprisa y eres un imbécil de campeonato. Que ayer hicisteis el amor y la electricidad reinició tus conexiones antaño perdidas, pero hoy prefieres dejar claro que no quieres etiquetas porque no sabes si quieres algo serio y, admítelo, eres un canalla. Que los problemas desaparecen cuando ella te invita a bailar y hasta tus amigos están locos por ella, pero tú necesitas frenar porque te agobias con hipótesis inexistentes e inexplicables y eres un sinvergüenza. Que ella está dispuesta a trenzar sus miedos con los tuyos y superar cada obstáculo con respeto, empatía y comunicación, pero tú te alejarás porque necesitas tiempo para pensar y eres un **miserable**. Que te darás cuenta de que era una persona increíblemente maravillosa y querrás volver, pero será tarde porque has sido el patrocinador oficial de la humedad de su almohada y, seamos sinceros, eres gilipollas.

VEINTIOCHO

Te dije: «no busco un cuento de hadas», pero al mar le conté que los príncipes no son azules ni tienen castillo. Que abrazar es gratis, al igual que pasear, bailar, las risas, el amanecer y las flores. Que en mi sofá podemos disfrutar de un cine con asientos premium y mi dormitorio es un hotel de seis estrellas. Le conté que las mejores citas son las que empiezan mal y los mejores besos en los que con torpeza chocas la nariz. Que no desaparezco a medianoche y no hay dragón que matar para conquistarme. Que el amor es fácil, es hacer dos cafés en vez de uno y compartir un paraguas pequeño mientras os mojáis los dos. Que no quiero perder la cabeza si no me contestas, pero quiero que pierdas la cabeza por contarme esa noticia que te ha hecho tan feliz. Le conté que mi postre favorito viene después de pagar la cuenta y que el **ColaCao** que me llevaste a la cama debería tener una estrella michelín. Que no se me ocurre un plan mejor que inventar planes contigo.

VEINTINUEVE

Te dije: «lo entiendo, no pasa nada», pero al mar le conté que me mordí la lengua por si tus respuestas confirmaban mis temores. ¿Por qué te metes en mi cama si no ves futuro en mis sábanas? ¿Por qué me haces el amor si no soy guerra en la que quieras luchar?, ¿por qué no te gusto? ¿por qué no soy suficiente?, ¿por qué ella sí y yo no? Todas estas preguntas **sin respuesta** se quedaron atrapadas entre el nudo de mi estómago y el bozal de mis cuerdas vocales. Entre mis ganas de entenderlo y mi rabia porque en el fondo ya lo sé. Entre tus excusas y mi forma de disimular la decepción. Entre mis uñas y tu espalda.

TREINTA

Te dije: «creo que ese comentario sobra», pero al mar le conté que tu opinión me importa una mierda. Que mis tetas pequeñas cumplen la misma función que una talla 95 y mis muslos grandes no dejan espacio a tu juicio. Le hablé de faldas cortas que no invitan a nadie y escotes sin dobles intenciones. De básculas que no miden la belleza de un cuerpo y ropa que no tiene edad ni género. Le conté que ser valiente es volver a casa sola, no subir una foto en la que se marcan los michelines. Que estoy harta de que tu falta de empatía sea creadora de mis inseguridades. Que da igual si eres mi madre, mi novio o mi mejor amiga, no he pedido tu opinión. Que **somos arte** con o sin pelo. Que las estrías y la celulitis pintan en mi piel el cuadro de la vida con una brocha que nunca se seca, y vendo algunas entradas que, casi agotadas, dan acceso a mi museo. Te recuerdo que hacer fotos está prohibido y necesitas permiso para tocar.

Ojalá que me la encuentre ya entre tantas flores.
Ojalá que se llame Amapola,
que me coja la mano y me diga que sola
no comprende la vida.

EXTREMODURO

TREINTA Y UNO

Te dije: «no te he olvidado», pero al mar le conté que nuestra canción es banda sonora en días de lluvia. Le conté que hay calles por las que ya nunca paso y ciudades que no quiero volver a visitar. Que te encuentro en todos los coches rojos y en las cartas de los bares si tienen tu cóctel favorito. Que ahora cocino por supervivencia y no por diversión. Desde que no estás, Netflix me echa de menos y las siestas no saben a besos. Que no he tirado nuestras fotos y aquella camiseta verde sigue doblada en el fondo del cajón. Le conté que Google Fotos y los recordatorios de Facebook están luchando por ser mi principal enemigo, mientras una parte de mí disfruta con el corazón roto aquella sonrisa que llevaba mi nombre. Que ya no recuerdo el tacto de tus manos, pero sí el erizar de mi piel. Que me encantaría odiar que me pregunten por ti, pero en el fondo es bonito **recordarte**. Sigo buscando atisbos de ti en los ojos de otros cuerpos, pero nada se parece. Mis cuadernos, antes llenos, no han vuelto a hablar de amor. Que nuestra serie terminó y una parte nostálgica de mí sigue esperando una nueva temporada que te acerque a mis hoyuelos.

TREINTA Y DOS

Te dije: «gracias por hacerlo **fácil**», pero al mar le conté que llegaste cuando mis escudos estaban firmes, pero supiste buscar mis cosquillas para poder bajarlos. Que creía que conocía Madrid hasta que llegaste dibujando nuevas calles que memorizamos beso a beso en sus portales. Le conté que mi galería se empezó a llenar de postres compartidos y atardeceres. Le hablé de aquella vez que me regalaste flores y lo especial que fue que recordases cuáles son mis favoritas. Le conté que mi cafetería favorita ahora también es la tuya y que tu gps tiene la dirección de mi casa guardada en favoritos. Que me hiciste reír antes de saber tu nombre y me viste llorar sin hacerme sentir frágil. Que se nos hizo de día bebiendo a morro de aquella botella mientras decidíamos las plantas que queremos para el jardín. Que nunca te lo he pedido, pero guardas un cartón de leche sin lactosa en la despensa por si me quedo a dormir y me apetece un café. Que me gustas cuando sonríes al verme aparecer saliendo del metro, pero me gustas más cuando al despedirnos me abrazas y me pides que te avise al llegar.

TREINTA Y TRES

Te dije: «lo hacemos todo mal», pero al mar le conté que ponemos excusas a quien quiere cuidarnos y hablamos de amor con quien solo ama de madrugada. Que hemos olvidado la magia de un rayo de sol paseando en febrero y en vez de besarnos bajo el muérdago elegimos farolas que no cumplen deseos. Le conté que dejamos volver a quien nunca valoró estar mientras los prejuicios nos impiden ver más allá de nuestro **ego**. Que reemplazamos personas como si fueran ambientadores que ya no huelen buscando una fragancia más primaveral. Le hablé de la cantidad de tiempo que regalamos a quien no abre su agenda por nosotros hasta que el aburrimiento llama a la puerta. Que estamos tan acostumbrados a no sentir nada que nos conformamos con sentir un efímero atisbo de placer seguido de un vacío gélido que dura una eternidad. Que las redes sociales han acabado con la interacción social y vivimos en el gimnasio para intentar acabar con los kilos de inseguridades que nos sobran. Que nos quejamos de la soledad mientras valoramos más un culo que una conversación. Que necesitamos sentarnos a ver al sol perderse en el mar para recordar que la belleza no se agota.

TREINTA Y CUATRO

Te dije: «bórrame la memoria, por favor», pero al mar le conté que no soporto este duelo que no acaba. Que me cortaron un brazo y todos esperan que aprenda a vivir sin él. Que no es fácil. Que pienso en el amor y apareces tú. Que recuerdo la felicidad y eras tú. Que el mejor día de mi vida lo hiciste tú. Que quiero acabar con todo, olvidar tus abrazos, incendiar tu cara, derribar tu columna y **respirar**. Que tu imagen se consuma entre cenizas y se apaguen de una vez tus ascuas. Que vueles lejos de mi psique, a otro planeta u otra galaxia. Que desaparezcas. Que me dejes vivir.

TREINTA Y CINCO

Te dije: «he conocido a alguien», pero al mar le conté que apareció de la nada para cambiarlo todo. Que parece sacado de un libro, pero el libro lo lleva siempre en la mano. Que le gustan las cervezas, las películas de amor y los poemas. Que al parecer también le gusto yo. Que tiene una mirada inocente que es siempre culpable de mi incendio. Que sueña con una sociedad utópica con la justicia por bandera. Que lucha por esta ciudad corrupta y no se muerde la lengua. Que se cree que el poderoso siempre gana y los demás estamos aquí de paso. Que no ve lo bonito que parece el mundo a su lado, avanzando en la misma revolución. Que es valiente, vulnerable y también **poeta**. Que es arma, medicina, una fuente en el camino y a veces meta.

TREINTA Y SEIS

Te dije: «nadie sabe si esto va a funcionar», pero al mar le conté que nos estamos enamorando y los dos lo sabemos. Somos unos **cobardes**.

TREINTA Y SIETE

Te dije: «me cuesta confiar», pero al mar le conté que no estoy acostumbrada a que las cosas salgan bien. Que me dices que te gusto y aunque el gusto es mío, agosto se agota en un instante. Le hablé de dar dos pasos y **retroceder** uno por si tres no tienen vuelta atrás. De sentirme insegura, insuficiente, inservible, insignificante y, por consiguiente, insatisfecha. Le conté que quiero fluir, pero he metido tanta mierda en este río que me encallo y no avanzo. Que necesito respuestas a preguntas que no he hecho mientras sigo malinterpretando tus silencios. Que me asustan mis ganas así que decido parar de alimentarlas para que pasando hambre se olviden de tus manos. Que si se complica hay que huir, pero tranquilo, que siempre tengo la maleta hecha y una carta de despedida en el bolsillo en la que solo hay que cambiar el nombre. Le hablé del «te quiero» que con cadena perpetua muere encarcelado en mi garganta condenado para evitar el crimen de no escuchar un «yo a ti también». De muestras de afecto que surten el efecto contrario y alejan. De personas que no pueden quererse porque viven en una sociedad vacía que no tiene espacio para el amor.

TREINTA Y OCHO

Te dije: «para, no me apetece», pero al mar le conté que nunca me escuchaste. Que si te gusto, las ganas nunca faltan. Que si te quiero, siempre quiero hacerte feliz. Que si me encuentro mal es una excusa y si tengo sueño será solo un ratito. Que si no me excito es porque ya no me gustas, pero si finjo soy una **zorra**. Que me duele, pero seguro que aguanto un poco más. Que si esto no me gusta, será que no lo he probado bien y tengo que intentarlo hasta que me acostumbre. Que tuve que haberte parado mucho antes. Que nunca debí permitirlo. Que el amor no implica sacrificio. Que el placer no se consigue con chantaje emocional. Que empecé a disfrutar el sexo cuando te desconocí.

TREINTA Y NUEVE

Te dije: «no puedes mirarme así» pero al mar le conté que esos ojos alinean mis astros y desatan mi oleaje. Le conté que esa **mirada** me quema a dos metros bajo nieve y me desviste sin tocarme. Le hablé de su iris color hogar y del agujero negro de su pupila que me atrapó y no me suelta. Le conté que unas veces me analizan curiosos, otras me abrazan calmando mis miedos y otras me hacen el amor. Le conté que perdí un poco el norte al ver el naranja del atardecer en ellos en aquella playa del sur y me derretí cuando tiernos sonrieron a la luna, aunque no estaba llena. Le hablé de la magia que hacen al guiñar sin cerrarse y del brillo que la música sabe verter en ellos. Le confesé que tengo pánico a que no vuelvan a mirarme, así que estoy llegando a un acuerdo con sus pestañas para hipotecarme y quedarme a vivir en ellos.

CUARENTA

Te dije: «te quiero libre» pero al mar le conté lo mucho que me gusta tu risa cuando estás con amigos. Le conté que cuando bailas se achinan tus ojos alargando tus pestañas. Que tus abrazos calientan el doble cuando me has echado de menos y te brillan los ojos cuando me hablas de conciertos. Le conté que no te necesito siempre al lado para apoyarme en tu hombro y que tus secretos son solo tuyos. Le conté que juntos no somos uno sino dos con mucho que enseñarnos. Que tu camino no está escrito y esa página en blanco es la llave de mil puertas. Que **Madrid** no siempre es destino, también es una parada del tren. Que nunca te pediré que te quedes, pero siempre querré que vuelvas.

Y quien nació semilla
que no se conforme con techo y paredes.
Si hay tanto que quieres,
que el campo se espere.

VALERIA CASTRO

CUARENTA Y UNO

Te dije: «me da miedo que desaparezcas», pero al mar le conté que no es la primera vez que vuelves. Que prometes fácil y fallas fuerte. Que he confiado en ti otras veces y aunque nunca cerré la puerta ahora no puedo dejarte entrar. Le conté al mar lo suaves que estaban tus manos en aquel parque y lo duro que fue esperar aquel mensaje que nunca llegó. Le conté lo difícil que fue ver aquella foto en tu salón. Le conté todas las mentiras que me dije a mí misma con tal de excusarte y lo poco que tardé en creer tus disculpas. Puede que nunca las creyese en realidad, pero quise darte ese abrazo que no merecías. Quise escuchar tu voz áspera una vez más desbloqueando todas mis cautelas. Quise acariciarte el pelo justo en esa postura que deja tu barbilla sobre mi hombro y tu cuello demasiado cerca de mis labios. Quise volver a disfrutar esas arruguitas junto a tus ojos que me hacen olvidar tus desastres. Te dejé volver, porque aun sabiendo que tus madrugadas tenían otro nombre, tus **ojos tristes** necesitaban un poquito de mí.

CUARENTA Y DOS

Te dije: «ojalá los principios fueran eternos», pero al mar
le conté que no puedo evitar este miedo que siento de
camino a una cita contigo por si es la última. Que no sé
si darme la vuelta para guardar estos **nervios** tan bonitos
y que no desaparezcan nunca. ¿Te gustará esta camiseta?
¿Me besarás al verme o esperarás a que te mire los labios
tras un sorbo de cerveza? ¿Te darás cuenta de que voy
estrenando ropa interior o las ganas me desvestirán
sin tiempo para modas? Tu mano roza la mía y me
estremezco, pero mueves tu silla un poco más cerca de
la mía y me confirmas que ese acercamiento es buscado y
no signo de torpeza. Sonrío y sonríes y al final soy yo la
que besa la espuma de tu bigote, aunque el bar está lleno
y nunca me gustaron las muestras de afecto efusivas en
público. Tu mano derecha acaricia mi rodilla izquierda y
me pregunto de qué color serán tus calcetines. Todo va
bien, los nervios se duermen y las ganas cogen el timón en
esta noche que será perfecta pero sólo un recuerdo al que
volver cuando los principios dejen de existir.

CUARENTA Y TRES

Te dije: «olvidé quién era» pero al mar le conté que lo hice todo por hacerte feliz. Cambié mi vida, mis metas, mis gustos y, aunque me dé **vergüenza** reconocerlo, mis valores. Me convertí en la persona que siempre quisiste a tu lado, enterrando la flor que crecía en mi pecho. Pérdida a pérdida me gané tu aprobación, pero si yo solo pensaba en ti y tú solo pensabas en ti, ¿quién pensaba en mí?

CUARENTA Y CUATRO

Te dije: «ojalá seas eterno», pero al mar le conté que he llenado cuadernos enteros con poemas de una sola noche contigo. Que no eres lo que buscaba porque no sabía que existía este tipo de conexión que acelera mis circuitos dando una segunda vida a mis cables. Que tienes arte dentro, tan **abstracto y bello** como Kandinsky, con la lucha por bandera como Frida y saltándote las reglas como Monet. Que Banksy sería tu aliado y Klimt se sentiría amenazado por si su beso pasa a un segundo plano cuando rozas mis labios. Que si no quieres quedarte, ya me quedo yo en el recuerdo de nuestras risas acompasadas. Que antes de marcharte te pediré que te quedes un segundo más para poder pintarte en un poema y leer tus cejas cada vez que eche de menos tus rizos. Que escribo de un amor que ojalá fuese real esperando que deslices tus dedos por mi cuerpo como lo haces entre las páginas. Que quiero aparecer en tus versos, aunque no ocupe un hueco en tu estantería, tú nunca tienes tus libros, pero el día que no pueda recordar tu olor necesitaré saber que fuiste real. Que hay demasiados párrafos que nadie recuerda y quiero que seas ese capítulo que sirva como punto de inflexión para conseguir un bonito desenlace. Que ojalá seguir leyéndonos.

CUARENTA Y CINCO

Te dije: «estoy perdida», pero al mar le conté que busco palabras, pero lo único que encuentro son lágrimas. Que intento abrir mi corazón, pero lo único que abro son grietas por las que se cuelan miedos e inseguridades. Que se acumularon tantos sentimientos que ya no siento nada. Un vacío corrosivo que anuda mi garganta y paraliza mis piernas. Que mis venas están haciendo huelga y mis huellas ya no saben tocar. Que necesito música para dejar de escuchar la soledad que grita atrapada en mis costillas. Que no sé quién soy ni quién era. Que arrastro mis pies por cenizas deseando quemarme y miro al mar suplicando que me trague. Que he tocado fondo tantas veces que me he hecho allí un refugio con puerta blindada y solo tengo una llave. Que sabía que podías **romperme**, pero no que te llevarías una pieza para que no pudiera arreglarme.

CUARENTA Y SEIS

Te dije: «volveremos a vernos», pero al mar le conté que, aunque sé que **ya no** somos nada, me encantaría invitarte a casa y compartir una botella de vino mientras escuchamos nuestra playlist y brindamos en honor a nuestra bonita pero breve historia de amor.

CUARENTA Y SIETE

Te dije: «no sé por qué me gustas» pero al mar le conté que lo he vuelto a hacer. Que me he vuelto a enamorar de tus ganas de desaparecer. Ridícula pero profundamente loca por tus dudas, incertidumbres y tormentos. Enganchada a la sequía de tus mensajes escasos y tu interés ausente. Encendiendo velas en el altar que he construido para idealizar tus desastres. Lamiendo tus heridas mientras me sangra hasta la lengua. Masoquismo emocional. Consciente de la adicción que tengo por tus sinsentidos, sigo fumándome tus agobios de dos en dos. Que la razón se escapó de mis huesos al subirme a tu montaña rusa que sube y baja pero nunca frena. Cansada de ti, de mí y de nunca nosotros. Deseando olvidar tus lunares, pero dibujándolos en constelaciones a las que rezar en madrugadas de soledad. Desconfianza como causa. Fracaso inevitable su consecuencia. **Toxicidad** disfrazada de «vamos a fluir» y falta de honestidad escondida en palabras vacías con las que te llenas la boca asegurando que en otro momento sería diferente. No relaciones, relaciones abiertas, follamigos, amigos con derecho. La misma mierda. Terrorismo emocional atracando el amor desde dentro. Cobardía enmascarada de alma atormentada. Si piensas que la felicidad no es para ti, ¿por qué me la impides a mí también?

CUARENTA Y OCHO

Te dije: «lo nuestro es imposible», pero al mar le conté que nunca me he dado por vencida sin haberlo intentado. Que tus ojos no dicen *vete* sino *vente*. Que tus manos no me tocan como si se quisieran despedir. Las yemas de tus dedos me invitan a seguir disfrutándote y mi piel te dice que aún te quedan muchos lunares por besar. Tus labios pronuncian peros con facilidad mientras tu lengua ha olvidado todos los idiomas menos el del **placer**. Si hablas de huir, no veo tus piernas correr sino temblar al correrse. Tu planeta y el mío están en galaxias diferentes, pero ya han puesto a la venta viajes intergalácticos por el módico precio de un «vamos a intentarlo». Tus silencios construidos con tanto empeño se desmoronan cuando aparecen los cimientos «tengo ganas de verte» o «me he acordado mucho de ti». Que no es cantidad ni calidad, sino más bien la calidez de tus besos y el cariño de tus abrazos. Que explotar en un orgasmo y en una carcajada pueden suceder en la misma cama y una canción puede dictar más que una ley. Que cuidarme es fácil, pero cuidarnos suena mejor.

CUARENTA Y NUEVE

Te dije: «qué difícil es ahora el amor», pero al mar le conté que estoy cansada de fluir, callar y frenar. Que los *te quiero* tienen que ir siempre seguidos de un verbo que los relaje. Que las mentes y las relaciones se han abierto cerrando a cambio corazones que han dejado de elegir la velocidad de sus latidos. Le conté que sobra comunicación y faltan verdades. Que la conexión no es importante si no es 4G, y sobran tantos besos que están en oferta a 2x1. Le conté que escribir primero es de valientes y contestar rápido de insensatos. Que en la cama disfrutan dos, pero solo duerme uno. Le conté que la intensidad es una flaqueza que causa rechazo y que el **desinterés** te hace interesante. Que no hay derecho a que el derecho a roce sea la única oportunidad para besar tus pecas. Le conté al mar que ya no hay picnics en la playa bajo la luna y que la realidad se ve más reflejada en la isla de las tentaciones que en Mónica y Chandler. Que las butacas de los cines están vacías mientras Netflix te pregunta si sigues ahí. Que en este invierno frío he decidido hibernar hasta que se ponga de moda el amor.

CINCUENTA

Te dije: «se me da mejor **escribir** que hablar», pero al mar le conté que he construido una celda de veintiún centímetros de ancho y casi treinta de largo donde puedo tener controlados a mis demonios. Que cada párrafo es un grito que doy sin irritar mi garganta, aunque a veces llueva sobre el papel. Que usando comas logro separar conflictos entre cabeza y corazón y con un punto cierro capítulos ahorrando despedidas eternas. Que lo importante en mi vida soy yo y lo demás va entre paréntesis. Que, aunque la tinta no se borre, las palabras tachadas no se pueden volver a leer.

Que ochenta son las veces que al día me acuerdo de ti,
las mismas que recuerdo que te tengo que olvidar.

ROZALÉN

CINCUENTA Y UNO

Te dije: «no sé muy bien lo que ha pasado», pero al mar le conté que te fuiste hace dos horas y mis hoyuelos aún no se han dormido. Le hablé de tus manos, tus lunares y tu magia. De esas dos canas desordenadas que me invitan a enredarme en tus rizos. De Sabina, Carolina Durante o el Kanka componiendo sobre nosotros en mi salón. Le confesé que aún no se lo he contado a nadie porque tengo miedo de escucharlo en voz alta y que sea real. Que, si la posibilidad de que esto salga bien es diminuta, escribiré ese **porcentaje** en una pancarta bien grande para reivindicar que es nuestro momento. Que no fue amor a primera vista, pero quizás sí amor a primer verso.

CINCUENTA Y DOS

Te dije: «se acabó», pero al mar le conté que aquella noche cambió mi vida. Que bastó un mensaje para hacer de mi hogar **ruinas** y activar el protocolo de demolición. *Que no éramos solo dos.* Que me temblaron las manos, la vida y los *te quiero*. Que dejé de reconocer a quien me abrigaba por las noches. Que agarré mis piernas junto a mi pecho deseando ser creyente para pedir salvación y las pastillas bajo mi lengua se disfrazaron de placebo. *Que no éramos solo dos.* Que me encontré a diez centímetros de un desconocido y a más de diez mil kilómetros de mi vida sin ti. Que rechacé tus brazos pluriempleados, ignoré tus excusas y me quité la venda. *Que no éramos solo dos.* Que te dije adiós y mudé mi piel para intentar borrar tus huellas y quedarme a solas conmigo, o al menos con lo que quedaba de mí. *Que no éramos solo dos.* Que tú mentiste, pero ella fue valiente y confirmó el puñal de mi espalda, empujándolo un poco más. Que me senté en un sofá que no era mío dentro de un cuerpo que no era mío llorando lágrimas que no sabían a mí. *Que no éramos solo dos.* Que no recordaba quién era. Que salí a buscarme en una ciudad en la que nunca había estado y el mapa me preguntó qué hacía allí. Y yo no supe ni qué contestar. *Que no éramos solo dos.* Que era diciembre y el árbol de navidad decoraba el salón para recordarme lo tonta que fui al comprarte esos regalos que nunca mereciste. Que me besé con la ansiedad bajo el muérdago y me concedió este trauma crónico como deseo. *Que no éramos solo dos.* Que te lloré por todas las calles de esa jaula. Que metí sangre, dolor y heridas en la maleta y me despedí de la vida que un día quise tener. Que nunca te volví a ver. *Que no éramos solo dos. Que no éramos. Que solo era yo. Solo yo. Sola.*

CINCUENTA Y TRES

Te dije: «me estás haciendo un lío», pero al mar le conté que no quería que volvieras. Que ya había aprendido a no buscar pistas en tus fotos y a no leer entre líneas en tus mensajes. Que edité el nombre de tu contacto para dejar de sentirte especial y te saqué de mi álbum de favoritos. Le conté que cambié de macetero la planta que me regalaste y escogí el camino más largo evitando la ruta que pasa por nuestro bar. Le conté que estuve tanto tiempo esperándote que mis insomnios ya no te pensaban. Que tu corte de pelo es diferente, pero en mis dedos se enreda igual y no puedo soltarme. Le hablé de tus pestañas sin rumbo, tus ojos color ternura y esa inconfundible mancha de nacimiento que te queda tan bien. Empecé a hablar de tus desastres y terminé hablando de las curvas de tu espalda. Porque no sé cerrarte la puerta sin abrir una ventana, y aún no sé hablar de ti en pasado sin esperar un **futuro**.

CINCUENTA Y CUATRO

Te dije: «me lo he pasado muy bien», pero al mar le conté que mis hoyuelos se ven más desde aquella noche en que la playa fue nuestra. Le conté la forma en que besaste mi cuello borrando dudas y avivando fuegos. Le conté que la luna no estaba llena para dejarnos **intimidad** y los peces se acercaron a la orilla para bailar con nosotros un vals. Le hablé también de aquel beso que las olas me robaron y en la arena pude recuperar. Le conté que fue dulce la sal de tu espalda en mis labios y amarga la despedida en el coche. Que no sé qué pediste a aquella estrella, pero yo pedí que los fugaces no seamos nosotros.

CINCUENTA Y CINCO

Te dije: «necesito que te vayas», pero al mar le conté que has estado conmigo desde que era bien pequeña. Me llevabas de la mano al instituto, al conservatorio y a clases de ballet. Veías la tele a mi lado en el sofá y me aclarabas el jabón del pelo en la ducha. Me arropabas en la cama y hasta te metías conmigo **bajo las sábanas**. Pensaba que nos despediríamos al dejar el instituto, pero viniste conmigo a la universidad. Nos graduamos el mismo día y, aunque intenté evitarlo, terminamos trabajando en el mismo departamento. Hemos recorrido el mundo, hemos compartido piso y he llorado en tu hombro innumerables veces. Sé que me conoces bien, que te sientes cómoda en esta relación y, aunque hemos crecido juntas, es momento de pedirte, pena, que te vayas.

CINCUENTA Y SEIS

Te dije: «lo hemos intentado», pero al mar le conté que, si el amor de tu vida no soy yo, espero que la vida me deje verte feliz cuando encuentres el amor que te faltó para que el mío fuese **suficiente**.

CINCUENTA Y SIETE

Te dije: «sé feliz», pero al mar le conté que hay días que nunca aprendes a superar. Que la noche que te conocí me prometiste no hacerme daño y después del primer beso ya sabía que iba a doler. Que ojalá tener algo que reprocharte y hacer rabia de este verso. Que volaré un tiempo cerca de tu nido con alas tristes intentando cuidarte, pero me alejaré al verte alzar el vuelo porque libre estás tan guapo. Que casi ganamos en el juego del amor, pero en esta partida casi perfecta **perdimos** todo en la penúltima jugada. Que hoy me despido de ti como una parte de mí siempre supo que pasaría y otra inocente seguirá esperando verte volver cada otoño antes de que a las siete se haga de día. Que guardaré el recuerdo de tu risa en una cajita minúscula que abriré solo en caso de extremo dolor. Que fui tonta al creer que nuestro mejor poema sería de amor.

CINCUENTA Y OCHO

Te dije: «ya no hay vuelta atrás», pero al mar le conté que he visto Madrid con tus ojos y nunca volverá a ser igual. Que vimos las estrellas desde un columpio en Plaza España y bailamos escuchando al Kanka en tu móvil en Callao. Que instalaron un fotomatón en aquella calle desierta para hacerme decidir en qué foto estaba más ilusionada de las tres. Que me reí a carcajadas y te besé tantas veces que olvidé el dolor. Que fuimos la envidia de la rutina y el anhelo del querer. Que ser padres nos pareció una idea brillante porque nos faltaba fantasía en una sobredosis de amor. Que fuimos poesía en cada esquina y me prometiste ser tu mejor poema. Que ya no hay vuelta atrás, no hay precaución ni paracaídas. Ni paso a paso, ni poco a poco. Estoy escalando el Everest agarrada a tus rizos. Y sé que va a doler, pero propongo una tregua a la **avalancha** para verte reír una noche más.

CINCUENTA Y NUEVE

Te dije: «perdón por mis dudas», pero al mar le conté que no hay realidad evidente que pueda admirar a través de mis córneas llenas de cicatrices. Que no eres culpable de ausencia cuando añorando tu presencia mis dedos sienten que no volverán a entrelazarse con los tuyos. Que delincuentes del pasado no pueden atracar mi presente y hacerte pagar por ellos. Que no soy inocente si cargo con el delito de no creer tus promesas y olvidar la verdad de tus besos. Que no puedo llevarte ante un juez cada vez que pierdo el juicio juzgando tus respuestas. Que **sobrepensar** se ha vuelto creencia, filosofía, dogma y religión. Que no puedo temer un futuro que no ha llegado por un pasado que nunca llegó consiguiendo así evitar que llegue el presente y te quedes, si te quieres quedar. Que contra todo pronóstico me gustas, y me gustas tanto que mis órganos, tan asustados como disfuncionales, no saben mantener la calma hasta que vuelves y tus ojos sonríen al verme esperándote en la estación. Que no te pido que me perdones, porque soy yo la que tiene que perdonarse a sí misma y asumir de una vez que el que se fue es el único responsable de su partida.

SESENTA

Te dije: «sé que puedo», pero al mar le conté que todo cambió ese momento en el que me asomé al **acantilado** y pensé: ya no quiero saltar.

Somos fuego, somos polvo estelar,
universos paralelos en nuestro sofá.
Queriendo evitar la colisión de dos estrellas
fuimos en trayectorias opuestas.
En la habitación sobre la cama
miles de años luz que nos separan.

LA LA LOVE YOU

SESENTA Y UNO

Te dije: «no voy a cambiar por ti», pero al mar le conté que antes de gustarte a ti, necesito gustarme a mí primero. Que mis fantasmas me han herido, pero me han ayudado a saber quién soy. Le conté que para darte lo mejor de mí tengo que ser yo, aunque la puerta siempre estará abierta por si tu felicidad no está en mi sofá. Que mis raíces son aéreas y siempre busco crecer, pero no en maceta sino en prado. Que mis pilas las recarga el mar y mis luces brillan más al sol. Que soy de reír por nada y llorar por todo. Que no tienes que bailar conmigo, pero voy a **bailar** a tu lado.

SESENTA Y DOS

Te dije: «olvídate de mí», pero al mar le conté que ojalá un día cojas un libro de tu estantería y encuentres un mensaje mío entre sus páginas. Que sé que no usas Facebook, pero espero que el domingo que te aburras sin tener nada que hacer abras la aplicación y la primera notificación sea un recuerdo de aquel viaje a Islandia o aquella boda en la que llevabas la corbata a juego con mi vestido. Que el día que estés atrapado en el tráfico de la M30, la radio te quiera hacer el trayecto más ameno con nuestra canción favorita de Radiohead. Le conté que nuestra heladería favorita ha cerrado y una parte de mí necesita que lo sepas para que se te encoja el pecho sabiendo que no volveremos a compartir dos bolas de vainilla con nueces de macadamia. Que me alivia saber que aquella prima lejana de tu madre te seguirá preguntando por mí en las cenas familiares que siempre intentas evitar, porque así me tendrás presente, aunque sea un instante. Que algún día leerás esto y pensarás que soy **egoísta**, pero el egoísta fuiste tú, y yo la tonta que sigue aquí intentando no perderte.

SESENTA Y TRES

Te dije: «esto no va a funcionar», pero al mar le conté que mis dudas se multiplican en tus silencios. Que aparecer no es bonito si la huida fue herida. Le hablé de tus planes sin trazos y tus futuros sin presente. Le conté que cuando erizas mi piel olvido tus pasados y apago mis furias. Le hablé de tu poder gravitacional y la forma en que alteras mis mareas. Le conté que no remamos en la misma dirección porque siempre acabamos volcando en la misma playa. Que no quiero descubrir **tatuajes** nuevos con historias que me he perdido ni quiero ser el libro de tu estantería que nunca sacas tiempo para leer. Que no podemos estar en el mismo punto si tú siempre añades dos más.

SESENTA Y CUATRO

Te dije: «sal ya de mi cabeza», pero al mar le conté que cada mensaje que llega de madrugada espero que seas tú pidiéndome que vuelva. Que aunque mis labios han besado otros labios, yo a eso no lo llamaría besar. Que prefiero tenerte lejos para que no funcione ese imán que me unía a tu pecho y que ahora no encuentra conexión. Le hablé de lo hecha que está mi cama desde que no me das los buenos días y de mi tocadiscos estropeado que solo sabe reproducir esa canción que bailábamos en la cocina los domingos. Que sigo teniendo tu foto escondida en la cartera y nunca me atrevo a tirarla por si no vuelvo a ver tus pecas. Le conté que no quiero pensarte, pero necesito saber si tú también me piensas cuando no puedes dormir y miras al techo que tanto nos vio amar. Que no importa lo rotos que estén nuestros cimientos porque tú siempre serás lo más parecido a un **hogar**. Que no sé dónde estás, pero si mañana se acaba el mundo te buscaría para abrazarte una última vez y no tenerte que olvidar.

SESENTA Y CINCO

Te dije: «no serás una historia más», pero al mar le conté que beso tu frente y se calma el *tic tac* de mi incertidumbre. Que tu mundo da vueltas en dirección contraria y yo aprendo a saltarme las normas de tráfico por terminar juntos en comisaría compartiendo el delito de pecar a tu lado. Que cómo te explico que hace años que no sentía paz en los silencios, que mi corazón no se frenaba en una siesta piel con piel para acompasarse con otro y abrazarse en un sueño que roza la realidad. Que he abierto los ojos en este hotel frente al mar de Laredo y me he girado para mirarte a ti. Que tus manos están acariciando mi espalda escribiendo un poema mucho mejor que este. Que a veces volver a sentir es una de las maravillas del mundo y un panteón en ruinas. Que mañana no serás almohada y no habrá caricias que convertir en versos. Que quizás nunca tendremos el valor que hay que tener para no retroceder. Que la playa no nos salvará en Madrid y en el **asfalto** no habrá rastro de las huellas de lo que pudimos ser.

SESENTA Y SEIS

Te dije: «adiós», pero al mar le conté que ha vuelto a suceder. Dolor, frustración, pena, rabia, vacío. Una historia que termina antes de empezar. La historia de siempre. Un nosotros que nunca llegó a ser primera persona y tú, siempre tan tuyo, otra vez **ajeno** a mí.

SESENTA Y SIETE

Te dije: «para de juzgarme», pero al mar le conté que por ser mujer el tiempo cuenta el doble. Que no dejan de aparecer metas por el camino que no me he puesto yo y cada trofeo viene con letra pequeña obligándome a participar en la próxima competición. Que nada es suficiente si no sigues los pasos de aquellas que vivieron sin saber vivir. Que quiero tomar decisiones sin frenarme por el qué dirán y celebrar años sin pensar en la fecha de caducidad del arroz. Que no tengo suerte cada vez que consigo un trabajo mejor porque soy yo la que lucha, persigue y alcanza. La que siembra, riega y cosecha. Que no tengo la regla por estar de mal humor, pero sonrío al escuchar tus quejas infinitas de problemas insignificantes todos los meses mientras me desangro. Que mi cuerpo no es un objeto de deseo ni un contenedor cuando tiene vida en sus entrañas. Mi cuerpo es el que me permite estremecerme al sentir las olas en el primer baño de mayo y el que suda gota a gota hasta subir la montaña para alcanzar las mejores vistas. Es naturaleza, es azar y es belleza, tenga la forma que tenga. Que **soy mujer** porque lo ha elegido un cromosoma, pero soy fuerte, valiente y líder porque mi sexo no determina mis límites.

SESENTA Y OCHO

Te dije: «feliz año», pero al mar le conté que diciembre es un mes extraño. Te encuentras tan lejano a aquel que eras en enero y a solo un paso de empezar la que podría ser una nueva vida con esa esperanza de ser feliz de una vez o simplemente tener otro año de mierda como el anterior. **Diciembre** es Navidad, es decir, hipocresía, derroche y pretensión. Irónico cuanto menos, me gusta la Navidad. Supongo que me domina la esperanza de vivir una de esas comedias románticas en las que el amor todo lo puede, la familia está unida y el turrón no engorda. Dramatismo crónico. Experta en deseos de año nuevo que no se cumplen, pero la vida, al igual que Santa Claus, siempre me trae algo a cambio. No quedaba lo que yo quería, pero he sido una niña buena y me lo merezco. Salud, dinero y amor son el top tres al tomar las uvas, pero termino el año con un calendario lleno de citas (médicas), buscando una compañía (eléctrica) que me permita encender la calefacción de vez en cuando y del amor mejor ni hablamos por si la soledad se pone celosa. Confieso que espero un año mejor, pero la originalidad suele ganar a la estabilidad en mi camino, así que al menos seguiré teniendo cosas sobre las que escribir.

SESENTA Y NUEVE

Te dije: «disfrutar es otra cosa», pero al mar le conté que hemos aprendido a buscar el camino más rápido hasta la meta sin darnos cuenta de que había otra ruta con mejores vistas. Que piensas que el placer está ligado a un **clímax**, pero ese clímax solo consigue que el placer termine. Que quiero divertirme, jugar, observar, descubrir. Que bailen nuestros cuerpos en diferentes escalas hasta averiguar la nota más alta que pueden alcanzar. Que llegar al orgasmo es algo científico, matemático y músico si dominas la anatomía, descifras el problema y das con la tecla. Pero quiero sentirme subjetiva, irracional y mágica con sensaciones únicamente nuestras que se escapen de lo esperado y nunca podamos desvelar el truco. Que *monotonía, rutina* y *costumbre* desaparezcan de nuestro diccionario y desdibujemos el sexo para crear arte a nuestro antojo.

SETENTA

Te dije: «estoy cansada», pero al mar le conté que me duele el pecho cada vez que te veo y tus ojos no me miran como antes. Que la debilidad se apodera de mis manos cada vez que te rozan sin querer y no te das ni cuenta. Que nuestra historia se desvanece en mi memoria y ya ni siquiera sé qué fue real. Le hablé de las veces que para escribirte busco las palabras exactas que sean capaces de abrir un camino entre nosotros donde una conversación pueda llenar mi piel de esperanza. Le conté que hay fuegos artificiales en mi estómago cuando una leve sonrisa se dibuja en tu cara al cruzarnos por el pasillo y que algo muere dentro de mis huesos cuando un silencio **incómodo** nos rodea en la cafetería. Que incluso el protagonista de mis peores pesadillas me pide que me aleje de ti y yo ya no tengo fuerzas para estar en tu sala de espera mientras ni siquiera me ofreces algo de beber.

La luna me dice que puedo ser bruja,
ser fea y violenta y matar a algún rey.
Romper los esquemas, quebrar el sistema,
coger una escoba y, en vez de barrer,
lanzarme a volar en la noche.

LA OTRA

SETENTA Y UNO

Te dije: «no sabes querer», pero al mar le conté que aprendí a quererte mirando **la luna**. Que solo es admirada cuando está completa y el desprecio en sus días raros la hace tardar en sanar. Que sus eclipses enloquecen a quien tiene la suerte de cruzarse con ellos siendo protagonista por excepción y no por eternidad. Que algunos días no está y lejos de ser comprendida no es víctima sino verdugo de la noche. Que me enseñó a querer más allá de ciclos y mareas. Que me enseñó a quererte en todas tus fases. Y yo te he querido siempre entre subjuntivos y condicionales, sin poder realmente hablar de un pretérito y mucho menos perfecto. Esperando un nuevo capítulo que me permita escribir continuos y futuros para besarte bajo la luna en todos los tiempos verbales.

SETENTA Y DOS

Te dije: «no te voy a juzgar», pero al mar le conté que yo también me he equivocado mil veces. Que he tropezado tantas veces con la misma piedra que fue ella quien decidió moverse. Le conté que la de mi pasado no soy yo y la de mi futuro espero que tampoco. Que seguir el camino fácil es peligroso y cambiar de opinión es de sabios. Que los errores nos hacen crecer y arrepentirse de algo disfrutado es absurdo. Le dije que no quiero hablar de tus **demonios** para alejarme sino para que hagas las paces con ellos. Que para besar tu piel tengo que besar también tus cicatrices. Que no busco salvarte, sino acompañarte, porque salvarme de ti ya no puedo.

SETENTA Y TRES

Te dije: «no me conoces», pero al mar le conté que la versión que te gusta de mí no es real. Que cambié para gustarte y dejé de gustarme a mí. Que soy impredecible, indecisa e impulsiva porque quiero vivirlo **todo**. Que no soy de invierno ni de verano, pero soy de bañarme en la playa sin ropa de madrugada y de hacer palomitas para ver una película junto a la chimenea. Que no he cumplido una meta y ya estoy celebrando la siguiente. Que tú quieres una boda con mil invitados y yo quiero quererte a solas frente al mar con la luz de la luna como único testigo. Que compro vuelos antes de pedir vacaciones, pero hago la maleta una hora antes de salir. Que hoy soy de Adele y mañana de Extremoduro. Que si pierdo un tren siempre encuentro otro que, aunque tenga peores vistas, en su destino siempre baja una mejor versión de mí. Que para hablarte de gustos antes tengo que probarlo todo. Que no me conozco ni yo y eso está bien.

SETENTA Y CUATRO

Te dije: «vente a vivir conmigo», pero al mar le conté que de imaginar futuros contigo me han crecido **raíces**. Que pondré una hamaca en el jardín con vistas a tu espalda, pero nos tumbaremos en el césped a ver las perseidas en agosto y seguiré pidiéndote como deseo. Que no quiero termostatos que impidan a tu sol quemarme en invierno y en otoño sigan brotando tus flores. Le hablé de los hijos que vamos a tener porque genocidio sería desaprovechar tu genética. De la chimenea que envidiará tus versos, la alfombra que juzgará el arco de mi espalda y los sofás que atraparán poesía. Le conté que la medida exacta de nuestra cama será de un metro, treinta centímetros y cinco orgasmos. Que no tenemos dinero para una piscina así que usaré una manguera para mojar tus rizos y mis labios ganarán la carrera a esas gotas que se deslizan por tu pecho en dirección prohibida. Que quiero que seas mi insomnio, mi despertador, mi cafeína. Que mi casa seas tú.

SETENTA Y CINCO

Te dije: «odio las despedidas», pero al mar le conté que hoy te he visto por última vez. Estabas tan guapo que si me preguntas dentro de treinta años podré recordar perfectamente tu ropa, tu corte de pelo, el largo de tu barba y hasta que no te pusiste los anillos. Llevando la contraria al deseo no te he pedido volverlo a intentar para que sean tus manos las que decidan volver si echan de menos mis brazos. Siempre me has dicho que soy un ser de luz, pero hoy me falta el brillo que tus ojos me han robado. Quédatelo, aprenderé a crear más, pero tú lo necesitas para creer en la belleza. Risas, lágrimas, abrazos, destrucción. Corroborar que **son preciosos nuestros besos**, incluso los de despedida. Y admitir que, aunque no conseguimos ser nada, eres todo lo que echaré de menos.

SETENTA Y SEIS

Te dije: «no me esperaba sentirme así», pero al mar le conté que por algún motivo que aún desconozco y prefiero no tener prisa en etiquetar, esas canciones de amor que pasaban desapercibidas ahora me erizan la piel susurrando tu nombre. Qué ilusa pensar que saldré ilesa de esta historia cuando, sin buscarte, te encuentro **en cada libro** que veo.

SETENTA Y SIETE

Te dije: «si no lo intentamos no puede salir bien», pero al mar le conté que tienes tanto miedo a romperte de nuevo que no permites que te toquen con cariño y solo te dejas acariciar con guantes. Que tus labios saben a despedida, pero me muerdes para aferrarte un poco al presente y que dure un poco más. Que has levantado un muro en tu azotea para tapar las vistas del mañana y yo estoy pidiendo permisos de obra para abrirle una ventana. Le hablé de tu memoria a corto plazo para recordar sensaciones bonitas y del odioso temporizador que agota demasiado rápido tu ilusión después de vernos. De los «ojalá» que no salen de tu garganta porque prefieres imperativos que eliminen el porcentaje de error. Le conté que tus monstruos se despiertan cada vez que te ven sonreír y yo, que quiero arrancar de raíz todas tus dudas, te propongo fingir indiferencia para perderlos de vista y huir a querernos **sin testigos**.

SETENTA Y OCHO

Te dije: «a medias no me vale», pero al mar le conté que desaparecer es tu fuerte y esperarte mi debilidad. Que el tiempo se busca y el silencio duele más que la verdad. Le conté que no paro de ampliar mis límites para que no llegues a ellos mientras intento ponerme una armadura que ya no cierra. Que no quiero perderte, aunque ya te he perdido y elija no abrir los ojos para que me abrigue la esperanza un poco más. Le hablé de tus mensajes sin contestar, tus promesas vacías y tu miedo al compromiso sólo si es conmigo. Que ya no me engancha lo complicado y prefiero tirar el agua de ese vaso para dejar de beber tu amor **a medias**.

SETENTA Y NUEVE

Te dije: «espero que seas feliz», pero al mar le conté lo difícil que es saber que no iré de blanco a tu boda. Que mis hijos no tendrán tus pecas y nadie me hará cosquillas con tu fórmula secreta. Le conté que en nuestro último abrazo te odié mientras guardaba bajo llave el recuerdo de tu perfume. Le hablé de las series que he dejado a medias porque no compartimos sofá y del corte de pelo que debería haberme ayudado a olvidarte. Que ahora mis flores favoritas son otras y tengo otro trabajo que me hace feliz, pero del que me gustaría quejarme contigo al llegar a casa. Que hiciste tantas cosas mal que quererme resultó ser lo único que hacías bien. Que yo me olvidé de quererme y solo tu ausencia me lo ha podido recordar. Que no me quedan vidas en tu partida y debo cambiar de juego. Que **ojalá** hubiese sido diferente y así no tener que decirte que espero que con ella sepas hacerlo mejor.

OCHENTA

Te dije: «me costó decirte adiós», pero al mar le conté que, a pesar del dolor, quise verte una última vez. Te sentaste en el sofá que tantas veces nos sirvió de refugio, pero esta vez una trinchera nos impedía estar en el mismo bando. Te pedí explicaciones que no cambiarían nada, pero necesitaba que ese incendio saliendo de tu boca terminara de quemar todo rastro de tus huellas en mi piel. Pusiste tu mano sobre mi pie y yo no pude apartarla deseando una última muestra de afecto, pero las quemaduras inhabilitaron el tacto como sentido. Te disculpaste mil veces, pero ninguna alivió el dolor de la **traición**. Miré al demonio a los ojos con amor y él me regaló flores que vi marchitarse mientras me arrastraba al infierno. Te abracé sin cuerpo y te dejé atrás junto a mis cenizas. Lucía había muerto y yo estaba enamorada de mi asesino.

*Fue tan largo el duelo que al final
casi lo confundo con mi hogar.*

VETUSTA MORLA

OCHENTA Y UNO

Te dije: «basta ya», pero al mar le conté que con la bondad no se juega. Que no hay desgracia más grande que nacer con buen **corazón** y pasar toda la vida luchando por mantenerlo en ese bando. Que a veces alguien tiene la suerte de encontrar un corazón puro y decide estrujarlo, exprimirlo y explotarlo hasta agotar su batería y, sin recursos para cargarlo, decide abandonarlo en un vertedero. Que estamos muy equivocados. Que un corazón honrado no es débil, pues tiene que enfrentarse a un mundo cruel sabiendo que saldrá herido. Que un corazón bonito tiene el gran defecto de abrirte la puerta para compartir su belleza y tú, sin escrúpulos, le robas la paz por la ventana. Que un corazón grande está lleno de espinas que pinchan hacia dentro y necesitan ser operadas de urgencia con agua salada. Que un corazón sincero es una bomba de relojería, se atreve con todo y no descansa. Que, si eres lo suficientemente inteligente, no te acercarás a uno de estos corazones, porque no se rinden fácilmente, pero si consigues hundirlos, el sonido de su demolición te perseguirá de por vida. Que hay que tener el corazón muy pequeño y los huevos bien grandes para acercarse a uno de estos seres de luz y querer apagarlos.

OCHENTA Y DOS

Te dije: «fue bonito», pero al mar le conté que octubre nunca fue tan especial. Que el sol nos dedicó su última tarde y la noche nos regaló una hora más en la que dormir menos. Le conté que no había flores, pero nunca había visto tantos colores en el jardín. Que eres eso inexplorado e inesperado que creía inexistente o incluso extinto. Le hablé de un *déjà vu* constante, un delirante espejismo o un milagro pagano. De cervezas frías y manos calientes. De besos, muchos besos. Le conté que admiré tus alas mientras te enseñaba las mías, así que gracias por la libertad. Que ahora sé que se necesitan exactamente dieciséis horas y quince minutos para enamorarse. Que aún no has llegado y me he encontrado a la soledad haciendo la maleta para marcharse.

OCHENTA Y TRES

Te dije: «no es justo», pero al mar le conté que hay parejas que caminan descompasadas, rozándose los dedos sin conexión y besándose solo con los labios. Que van al cine y sus manos no se escapan buscando en la oscuridad libertad para tocar sin censuras. Que se despiden cada noche sin querer frenar la madrugada para conocerse un poco más entre mensajes instantáneos que aceleran latidos y mojan sábanas. Que hacen el amor los fines de semana porque los martes no tienen tiempo y no saben que un día no habrá más viernes de piel con piel. Que no juegan, que no reinventan, que no valoran el poder de un vínculo. Que no tengo más remedio que ante el juez pedir sentencia a esta **injusticia**. La injusticia de tener amor de sobra y no poder darlo. La injusticia de buscar algo auténtico entre historias que no distinguen la realidad de la ficción. La injusticia de saber hacerlo bien y que siempre salga mal. La injusticia de vibrar bonito solo en acordes imposibles.

OCHENTA Y CUATRO

Te dije: «estoy casi segura de que esto va a salir mal», pero al mar le conté que no confío en los hombres, y no porque sean hombres sino porque son personas y hasta quien más me quiso me hizo daño. Que no te daré la mano en el parque porque tengo miedo de que sea suave y me conecte con la esperanza. Que te besaré con ganas porque un beso es un beso y a todos nos gusta besar, pero mis labios no rozarán los tuyos al despedirnos en el portal. Que me dirás que estoy guapa y me gustará escucharlo, pero después te daré las gracias pensando que se lo dices a todas y yo no valgo para ser especial. Que no quiero que me regales flores porque me encantan las flores y será más difícil odiarte. Que si quieres te abro una ventana a mi pasado para que entiendas por qué hay mil candados en la puerta de mi futuro. Que no juntaré tu apellido con el mío porque quiero ser madre, no **ilusa**. Que si destruyes esa barrera y me haces sentir segura querré quedarme a vivir en tu pecho y después desaparecerás, porque todos lo hacen.

OCHENTA Y CINCO

Te dije: «he cambiado», pero al mar le conté que aquella persona que conociste ya no existe. Que en mis inseguridades han brotado tallos que algún día serán flores y no dejaré de regarlas. Que hay partes de mí que siempre han sido mías, pero hay otras que han aparecido junto a mis cicatrices. Le hablé de los puentes que tuve que construir para poder cambiar de camino al cruzarlos. De las puertas que abrí sin llave y también las que cerré con cemento y ladrillo. De las veces que a punto de cruzar la línea de meta decidí que no quería ese trofeo en la estantería y decidí dejar ese hueco para llenarlo de poesía. Le conté que hoy me puedes encontrar en un poema de Dickinson, pero mañana estaré perdida en otros versos, más lejos de ti, pero un poquito más **mía**.

OCHENTA Y SEIS

Te dije: «muchas gracias», pero al mar le conté que me has dicho que me ves feliz y no sé si alegrarme por saber **fingir** tan bien o romperme un poco más ante una sociedad tan ciega.

OCHENTA Y SIETE

Te dije: «pensaba que eras diferente», pero al mar le conté que nunca debí confiar en ti. Que se te llena la boca hablando de respeto, responsabilidad y comunicación, pero nunca llevas a la práctica la teoría de la que presumes. Que pides libertad, pero te cansas de tener las alas abiertas y te terminas enamorando de la toxicidad y sus cadenas. Le hablé de desconocidos que se convierten en amantes y cuando rozan proyectos de futuro se vuelven desconocidos una vez más. De citas buenas que te pueden hacer sonreír una noche, pero te harán preocuparte más de una semana. De besos que no saben a nada y abrazos que congelan. De saber que se está acabando y fingir que no te estás dando cuenta para que duela un poco menos. De cobardes y **efectos colaterales**. De pasatiempos y rompecabezas. De tener solo sexo y hacer el amor. De insensibles y sufridores. De lo que siempre fue y lo que quise que fuera. De ti y de mí.

OCHENTA Y OCHO

Te dije: «buenos días», pero al mar le conté que no sé si te he pensado o te he soñado, pero he compartido almohada contigo. Le conté que hemos tenido solo una cita y ya sé que vas a ser el protagonista de un **huracán** de poemas que va a arrasar conmigo o al menos me va a despeinar. Le hablé de los atardeceres que quiero dedicarte mientras hablamos de tu película favorita y de los besos que quiero darte para compensar todos los años que la vida ha tardado en ponerte en mi camino. Le hablé de ese amor adolescente que siempre me ha dado tanto asco y hoy asumo que era envidia. Que fue un regalo verte llorar de la risa en mi sofá, pero en ese momento supe que estamos perdidos. Que me preguntas si quiero intentarlo y yo ya he saltado a tus desastres desde el último piso y con el paracaídas roto. Le conté que llevas dentro la justicia y aunque podría quedarme en última fila con la admiración como acompañante, sólo si quieres, podemos luchar juntos.

OCHENTA Y NUEVE

Te dije: «no eres el primero», pero al mar le conté que seguramente tampoco serás el último. Que ya sé que no quieres **nada serio**, que no es por mí, pero es que no es el momento. Que te parezco una persona increíble, que no puedes decir nada malo de mí y que te alegras mucho de haberme conocido. También sé que cuando me aleje de ti volverás, porque no quieres tenerme, pero tampoco soportas pensar que ya no sufro tu indiferencia. Que me escribirás esa noche que esté a dos besos de olvidarte y, aunque intente engañarme a mí misma, el contador volverá a cero. Que entraré a un bar y te encontraré brindando con otra y, aunque creas que duele, me alegraré por ti porque es preciosa y sus ojos brillan al oírte reír. Que seré siempre un buen recuerdo de algo intenso y fugaz, pero nunca suficiente para hacer que te quedes.

NOVENTA

Te dije: «me encantan las flores», pero al mar le conté que me recuerdan a las mujeres. Que son bonitas, delicadas y huelen bien. Que más pequeñas o más grandes, más abiertas o más cerradas, todas luchan por crecer. Que bailan con el viento y sonríen al sol. Que cada una necesita su tiempo y no sirve de nada meterles prisa. Que si las cuidas bien brillan más y a veces hasta sonríen. Que pueden vivir en compañía y formar parte de una bonita postal de primavera, pero también pueden crecer solas en el cemento si es su única opción de sobrevivir. Que pueden tener hojas rotas, tallos dañados o carencia de pétalos, pero no puedo encontrar en ellas falta de **perfección**. Que muchas personas las admiran, son ejemplo de belleza y libertad. Pero siempre habrá quien las quiera tanto que las quiera cortar.

Quisiera tener un huequito
sin que fuera un diminutivo.

SAMURAÏ

NOVENTA Y UNO

Te dije: «bésame lento», pero al mar le conté que necesitaba sentir tus intenciones en los labios. Que el tacto de tu mano en mi pierna baja mi sensatez con cada centímetro que suben tus dedos. Que tu lengua tiene sed y hasta mi última gota se quiere fundir contigo. Que muerdas, aprietes y agarres. Que hagas que la cordura se ausente y domine el caos. Este incoherente puzle con piezas que cambian cuando rozas mi cuello, pero siempre encajan. Que creemos una **anarquía** para permitirlo todo en este reino que empieza tras el cartel de no pasar y termina en el indiscreto cabecero. Que se despierten rincones de la piel que todavía no habían aprendido a estremecerse. Que griten mis piernas y aúllen tus brazos. Que sobren hasta las paredes. Que me descompongas, destroces y destruyas, a ver si así vuelvo a sentir algo.

NOVENTA Y DOS

Te dije: «esta no es la vida que había imaginado», pero al mar le conté que soñaba con garaje, terraza y jardín. Con niños jugando en el salón y tardes de repostería besando el chocolate que mancha tu nariz. Con vistas al mar y libros al sol con la banda sonora de las olas. Con una boda de esas en las que el novio llora al ver a la novia llegando al altar. Con hacer el amor frente a la chimenea y la palabra estrés fuera del diccionario. Con una vida de cuento sin antagonista. Con llegar a los treinta sin sentirme una niña y con la soledad como viejo recuerdo. Pero aquí estoy, atrapada en este diminuto piso de Madrid, trabajando veinticinco horas al día, hipotecada hasta las cejas y sobreviviendo con lentejas congeladas de mi madre esperando a que vengas, sin saber quién eres, y hagas de **sesenta metros cuadrados** un palacio en el que comernos el uno al otro cual exquisito manjar.

NOVENTA Y TRES

Te dije: «creo que necesito alejarme de ti», pero al mar le conté que, adicta a tu cuerpo, no hay remedio para el mono que siento de madrugada. Que se me olvidan las noches en vela cuando vienes a pasar la noche conmigo. Que los viernes no me gustas, pero los lunes quiero deslizarme por tus rizos y perderme. Le hablé de las veces que intenté parar, pero tu media sonrisa siempre me conduce sin frenos hasta tu cama. De las copas que hemos dejado a medias porque tu boca sabía mucho mejor. Le conté que no te entiendo y no me entiendes, pero entre sábanas encontramos la **traducción perfecta**. Que he pensado demasiadas veces que sería la última y siempre apareces antes de que pueda olvidarme de tu olor. ¿Qué sentido tiene tropezar tantas veces con una piedra que ni siquiera está en mi camino? Probablemente ninguno, pero de momento he decidido no matar lo único que me hace sentir viva.

NOVENTA Y CUATRO

Te dije: «va a ser difícil borrarte», pero al mar le conté que te has ido y yo me quedo intentando olvidar las mesas donde tanto jugaron nuestras manos. Intentaré olvidar las esquinas que guardaron el secreto de nuestros besos. Espero olvidar también el nombre de ese hotel y los bancos en los que perdimos la noción del tiempo. Podré olvidar, aunque sea un tiempo, ese cactus que me regalaste porque sus espinas te resultaban familiares. Olvidaré los planes que nunca haremos y los futuros que nunca llegarán. Podré olvidar la posición exacta de tus tatuajes y algunas de sus historias, pero ¿qué pasa con las **canciones**? Nadie habla del daño que hacen las jodidas canciones. Esas que me enseñaste y cantamos a gritos en el coche. Esas que bailamos cuando el mundo no importaba nada. Esas que hablan de nosotros. Que no, que nunca te voy a olvidar, porque seguirán existiendo nuestras canciones y ellas saben que esto debería haber salido bien y aparecerán cuando menos me lo espere para recordármelo.

NOVENTA Y CINCO

Te dije: «nunca quise encontrarte», pero al mar le conté que estaba más que tomada esa decisión. Que no esperaba mensajes de buenos días ni pasaba madrugadas sonriendo a la pantalla alimentando la ilusión. Le conté que mi prioridad empezaba a ser yo y que mis poemas, ahora secos, estaban a salvo de rímel. Que me había acostumbrado a viajar sola y no esperaba ver luz al final del túnel. Que no tardaba tanto en elegir el *outfit* perfecto, aunque mi *eyeline* de los viernes seguía siendo tradición. Que dejé de llorar en el coche escuchando aquella canción. Que compré una manta tamaño soledad y mis cajones no tienen hueco para más sudaderas que huelen a olvido. Que llegaste y quise mirar a otro lado, pero me crucé con tus ojos sinceros que desaparecen cuando te ríes y yo me derrito **sin sentido**. Que me negaba a soñar contigo y ganaste la batalla al insomnio. Que fumas y odio que fumes, pero esa *red flag* se ha desteñido. Que he empezado a pensar que tengo demasiadas copas y no estaría mal usarlas de dos en dos. Que quizás después de un beso no siempre tenga que decir adiós. Que puedes ser la excusa perfecta para cambiar por fin ese incómodo sofá e invitarte a ver *Friends* y cenarnos mientras llega el repartidor. Que puede que en este libro quede alguna página para un poema de amor.

NOVENTA Y SEIS

Te dije: «hacemos magia», pero al mar le conté que es sentir tu cuerpo sobre el mío y, gracias a ese peso, **levitar**.

NOVENTA Y SIETE

Te dije: «sin ti, el mundo sería un lugar mejor», pero al mar le conté que hablo de ti, que opinas sobre el cuerpo femenino como si tuvieras algún derecho sobre él. Tú, que no te han enseñado a tocar y exiges placer a cambio de indiferencia. Tú, que llamas a una mujer fea por tener ojeras o escasez de rizo en sus pestañas y solo valoras un rostro si tiene la piel de porcelana de una muñeca. Por supuesto hablo de ti, que das por hecho que uso el maquillaje para gustarte y no para mostrar mi arte. Hablo también de ti, que me escribes para recordarme que existes justo ese día que ves un porcentaje alto de mi piel en una foto. Tú, que sientes vergüenza y me sueltas la mano por miedo a que tus amigos nos vean. Y tú, que desapareces y crees que puedes volver en septiembre porque, obviamente, habré estado soñando contigo todo el verano. También puedo hablar de ti, que decides contar cuerpos y juzgar el resultado, por supuesto siempre vitoreando a tu colega y demonizando a tu vecina. No se me olvida mencionarte a ti, que ves perversión en un baile, pero pasas madrugadas admirando agresiones a las que llamas porno. Tú, que te apartas de tu amigo gay para no perder esa masculinidad que te hace ser más orangután que persona. No puedo perder la ocasión de hablar de ti, que presumes de haber hecho un trío con tu amigo y aquella chica, cuando el trío solo lo ha hecho ella mientras vosotros os turnabais el banquillo en ese partido y yo uso el **fútbol** como metáfora para ver si así lo entendéis. Me dirijo a ti también, que exiges no usar protección porque te aprieta cuando todos sabemos que existen varias tallas en las estanterías de la farmacia y aunque dañe tu orgullo, no la tienes tan grande. Por último, quiero hablar de ti, que pensaste que por compartir cama conmigo podías tocarme sin mi consentimiento y no te importó verme llorar porque «si es tu pareja, no es violación». Así que, si no estás dispuesto a cambiar, prepárate, porque ya no me voy a callar.

Son preciosos nuestros besos.

IVÁN FERREIRO

EPÍLOGO

Lo más bello y significativo que le puede ocurrir a un libro es que nunca coja polvo en una estantería, eso significa que vuelves a él cada cierto tiempo o que te gusta rescatarlo de la quietud para enseñar alguno de sus versos a conocidos y, querido lector, este libro que estás a punto de cerrar, será uno de esos.

Lucía vuelve al mar como un hijo vuelve al abrazo de una madre, o como uno vuelve a aquellos amigos que pase el tiempo que pase, siempre tienen la respuesta adecuada. Lucía escapa del ruido de la ciudad y busca la calma de la marea para conectar consigo misma, para traducirse, para vivir.

Pocas cosas se le pueden pedir a un libro, salvo honestidad y una buena dosis de versos que remuevan las tripas. Esta obra contiene de las dos, pero también contiene, encerrado entre líneas, por si achinan los ojos y se atreven a descubrirlo, una cantidad ingente de valentía, un ejercicio de funambulismo y unas cuantas lágrimas de rabia y supervivencia como sello.

Lucía huye del tan manido traje de escritor atormentado, huye de los versos nocturnos, los bares y los malos ambientes. Su talento es innato, surge de la conexión con lo natural, de la extrema valentía de buscar los versos en uno mismo, sin mayores artefactos o placebos mal narrados. Estas letras muestran el eterno poder de la desnudez ante el folio.

Con versos como, «escuchar tu voz es hogar, pero en mi buzón ya no pone tu nombre»; «intentas separar la persona del personaje, pero no hay arte sin dolor ni corazón sin camino» o «pero si yo solo pensaba en ti y tú solo pensabas en ti, ¿quién pensaba en mí?» Lucía remueve, emociona, hace sentir vivo, y aún por encima, hace querer vivir.

Qué os puedo contar que no hayáis experimentado a estas alturas y con estas páginas, que se agradece la montaña rusa, la reflexión, el amor, el dolor, la soledad, la lucha, la conciencia de clase, la reivindicación social, se agradece, siempre, la voz colectiva de la revolución ante la individual del egoísta.

Lucía ha convertido en poesía la pestaña en el lavabo, la magia de lo cotidiano y la grandeza de las pequeñas victorias del día a día.
Lucía se ha jugado el pecho y la boca en estos versos, y de eso trata, única y exclusivamente, esta guerra de escribir poesía.

97 secretos que ya no guarda el mar, sino la memoria de cada uno de vosotros.

97 razones para volver a mirar la vida con ilusión.

97 disparos para que este libro se haya hecho un hueco para siempre en vuestro corazón.

MARIO DE LAS SAGRAS
@soloeme

ÍNDICE